Mein Buch der Lieder

Herausgegeben von Gisela Stottele
Mit Bildern von Petra Probst

Inhalt

Froh zu sein ...

Froh zu sein ...	6
Morgens früh um sechs	7
Wenn ich ein Vöglein wär	8
Lirum, larum, Löffelstiel	9
Heile, heile Segen	10
Mäh, Lämmchen, mäh	11
Schlaf, Kindchen, schlaf	12
Wer hat die schönsten Schäfchen	13
Weißt du, wie viel Sternlein stehen	14
Der Mond ist aufgegangen	15
Guten Abend, gut Nacht	16
Der Mond, der scheint	17
Bona nox	18

Ich bin das ganze Jahr vergnügt

Ich bin das ganze Jahr vergnügt	20
Es war eine Mutter	21
Liebe, liebe Sonne	22
Nun treiben wir den Winter aus	23
Der Winter ist vergangen	24
Jetzt fängt das schöne Frühjahr an	25
Es tönen die Lieder	26
Trarira, der Sommer ...	27
Petersilie, Suppenkraut	28
Hejo, spann den Wagen an	29
Zum Geburtstag viel Glück	30
Wir kommen all	31
Liebe Mutter	31
Horch, was kommt von draußen rein	32

Es tanzt ein Bi-Ba-Butzemann

Es tanzt ein Bi-Ba-Butzemann	34
Brüderchen, komm, tanz mit mir	35
Spannenlanger Hansel	36
Taler, Taler, du musst wandern	37
Auf der Mauer	38
Ich bin ein kleiner Tanzbär	39
Dornröschen war ein schönes Kind	40
Es waren zwei Königskinder	41
Hänsel und Gretel	42
Widele, wedele	43
Mein Hut, der hat drei Ecken	44

Auf unsrer Wiese

Auf unsrer Wiese	46
Der Kuckuck und der Esel	47
Auf einem Baum	48
Summ, summ, summ	49
Die Vogelhochzeit	50
Fuchs, du hast die Gans ...	52
Ward ein Blümelein mir ...	53
Heut ist ein Fest	54
Ein Männlein steht im Walde	55
Ich ging im Walde ...	56

O du lieber Augustin

O du lieber Augustin	58
Drei Chinesen	59
Es klapperten die Klapperschlangen	60
Ein Mops kam in die Küche	61
Meine Oma fährt im Hühnerstall	62
Ein Schneider fing 'ne Maus	64
Schön ist die Welt	66

Bunt sind schon die Wälder

Bunt sind schon die Wälder	68
In meinem kleinen Apfel	69
Laterne, Laterne	70
Ich geh mit meiner Laterne	71
Niklaus, komm in unser Haus	72
Lasst uns froh und munter sein	73
Juchhe, der erste Schnee!	74
ABC, die Katze lief im Schnee	74
Der Winter ist ein rechter Mann	75
Schneeflöckchen, Weißröckchen	76

4

Alle Jahre wieder

Alle Jahre wieder	78
Macht hoch die Tür	79
Maria durch ein Dornwald ging	80
Leise rieselt der Schnee	81
Morgen, Kinder, wirds was geben	82
Kling, Glöckchen	83
O Tannenbaum, o Tannenbaum	84
Kommet, ihr Hirten	85
Joseph, lieber Joseph mein	86
Stille Nacht, heilige Nacht	87
Dona nobis pacem	88

Lieder springen über die Mauer

Frère Jacque	90
Sur le pont d'Avignon	90
Var-Yok	91
Twinkle, twinkle	92
The itsy bitsy spider	93
Verzeichnis der Lieder und -anfänge	94

Froh zu sein ...

Kanon zu 4 Stimmen
Volkslied

Froh zu sein bedarf es wenig und wer froh ist, ist ein Kö-nig.

Morgens früh um sechs

Volkslied

Mor - gens früh um sechs kommt die klei - ne Hex'.

2. Morgens früh um sieb'n
schabt sie gelbe Rüb'n.

3. Morgens früh um acht
wird Kaffee gemacht.

4. Morgens früh um neun
geht sie in die Scheun'.

5. Morgens früh um zehn
holt sie Holz und Spän'.

6. Feuert an um elf,
kocht dann bis um zwölf

7. Froschbein, Krebs und Fisch,
hurtig, Kinder, kommt zu Tisch.

Wenn ich ein Vöglein wär

Volkslied
Aus: „Des Knaben Wunderhorn"

Wenn ich ein Vög - lein wär und auch zwei Flüg - lein hätt,
flög ich zu dir; weils a - ber nicht kann sein,
weils a - ber nicht kann sein, bleib ich all - hier.

2. Bin ich gleich weit von dir,
bin ich doch im Traum bei dir
und red mit dir.
Wenn ich erwachen tu,
wenn ich erwachen tu,
bin ich allein.

3. Es vergeht kein Stund in der Nacht,
dass nicht mein Herz erwacht
und an dich denkt,
dass du mir vieltausend Mal,
dass du mir vieltausend Mal
dein Herz geschenkt.

Lirum, larum, Löffelstiel

Volkslied

Li - rum, la - rum, Löf - fel - stiel, gro - ße Leu - te es - sen viel,
klei - ne müs - sen fas - ten, 's Brot liegt im Kas - ten,
's Mes - ser liegt da - ne - ben, ei, welch ein lus - tig Le - ben!

Heile, heile Segen

Volkslied

Hei - le, hei - le Se - gen, mor - gen gibt es
Re - gen, ü - ber - mor - gen Son - nen - schein,
und da lacht mein Kin - de - lein: Ist al - les wie - der gut!

Mäh, Lämmchen, mäh

Volkslied

Mäh, Lämm-chen, mäh. Das Lämm-chen lief im Klee. Da stieß es an ein Stein-chen, da tat ihm weh sein Bein-chen. Da schrie das Lämm-chen „mäh!".

2. Mäh, Lämmchen, mäh.
Das Lämmchen lief im Klee.
Da stieß es an ein Stöckchen,
da tat ihm weh sein Köpfchen.
Da schrie das Lämmchen „mäh!".

3. Mäh, Lämmchen, mäh.
Das Lämmchen lief im Klee.
Da stieß es an ein Sträuchlein,
da tat ihm weh sein Bäuchlein.
Da schrie das Lämmchen „mäh!".

Schlaf, Kindchen, schlaf

Volkslied

Schlaf, Kind-chen, schlaf! Der Va-ter hüt't die Schaf, die Mut-ter schüt-telt's Bäu-me-lein, da fällt he-rab ein Träu-me-lein. Schlaf, Kind-chen, schlaf!

2. Schlaf, Kindchen, schlaf!
Am Himmel ziehn die Schaf:
Die Sternlein sind die Lämmerlein,
der Mond, der ist das Schäferlein.
Schlaf, Kindchen, schlaf!

3. Schlaf, Kindchen, schlaf!
So schenk ich dir ein Schaf
mit einer goldnen Schelle fein,
das soll dein Spielgeselle sein.
Schlaf, Kindchen, schlaf!

4. Schlaf, Kindchen, schlaf!
Geh fort und hüt die Schaf.
Geh fort, du schwarzes Hündelein...
und weck mir nicht mein Kindelein!
Schlaf, Kindchen, schlaf!

Wer hat die schönsten Schäfchen

Volkslied

Wer hat die schöns-ten Schäf-chen? Die hat der gold-ne Mond, der
hin-ter un-sern Bäu-men am Him-mel dro-ben wohnt.

2. Er kommt am späten Abend,
wenn alles schlafen will,
hervor aus seinem Hause
zum Himmel sanft und still.

3. Dann weidet er die Schäfchen
auf seiner blauen Flur,
denn all die weißen Sterne
sind seine Schäfchen nur.

4. Sie tun sich nichts zuleide,
hat eins das andre gern,
wie Schwestern und wie Brüder
da droben Stern an Stern.

Weißt du, wie viel Sternlein stehen

Text: Wilhelm Hey
Melodie: volkstümlich

Weißt du, wie viel Stern-lein ste-hen, an dem blau-en Him-mels-zelt? Weißt du, wie viel Wol-ken ge-hen weit-hin ü-ber al-le Welt? Gott, der Herr, hat sie ge-zäh-let, dass ihm auch nicht ei-nes feh-let an der gan-zen gro-ßen Zahl, an der gan-zen gro-ßen Zahl.

2. Weißt du, wie viel Mücklein spielen
in der hellen Sonnenglut?
Wie viel Fischlein auch sich kühlen
in der klaren Wasserflut?
Gott, der Herr, rief sie mit Namen,
dass sie all ins Leben kamen,
dass sie nun so fröhlich sind,
dass sie nun so fröhlich sind.

3. Weißt du, wie viel Kinder frühe
stehn aus ihren Bettchen auf,
dass sie ohne Sorg und Mühe
fröhlich sind im Tageslauf?
Gott im Himmel hat an allen
seine Lust, sein Wohlgefallen,
kennt auch dich und hat dich lieb,
kennt auch dich und hat dich lieb.

Der Mond ist aufgegangen

Text: Matthias Claudius
Melodie: J. A. P. Schulz

Der Mond ist auf-ge-gan-gen, die gold-nen Stern-lein pran-gen am Him-mel hell und klar. Der Wald steht schwarz und schwei-get und aus den Wie-sen stei-get der wei-ße Ne-bel wun-der-bar.

2. Wie ist die Welt so stille
und in der Dämmrung Hülle
so traulich und so hold
als eine stille Kammer,
wo ihr des Tages Jammer
verschlafen und vergessen sollt.

3. Seht ihr den Mond dort stehen?
Er ist nur halb zu sehen
und ist doch rund und schön.
So sind wohl manche Sachen,
die wir getrost belachen,
weil unsre Augen sie nicht sehn.

Guten Abend, gut Nacht

Text: volkstümlich
Melodie: Johannes Brahms

Gu-ten A-bend, gut Nacht, mit Ro-sen be-dacht, mit Näg-lein be-steckt, schlupf un-ter die Deck! Mor-gen früh, wenn Gott will, wirst du wie-der ge-weckt. Mor-gen früh, wenn Gott will, wirst du wie-der ge-weckt.

2. Guten Abend, gut Nacht,
von Englein bewacht,
die zeigen im Traum
dir Christkindleins Baum.
Schlaf nun selig und süß,
schau im Traum 's Paradies.

Der Mond, der scheint

Volkslied

Der Mond, der scheint, das Kind-lein weint, die Glock schlägt zwölf, die Glock schlägt zwölf, dass Gott doch al-len Kran-ken helf!

2. Gott alles weiß, das Mäuslein beißt,
die Glock schlägt ein,
die Glock schlägt ein,
der Traum spielt auf den Kissen dein.

3. Die Sternlein schön am Himmel gehn,
die Glock schlägt zwei,
die Glock schlägt zwei,
sie gehn hinunter nach der Reih.

4. Der Wind, der weht, der Hahn, der kräht,
die Glock schlägt drei,
die Glock schlägt drei,
der Fuhrmann hebt sich von der Streu.

5. Der Gaul, der scharrt, die Stalltür knarrt,
die Glock schlägt vier,
die Glock schlägt vier,
der Kutscher siebt den Haber schier.

6. Die Schwalbe lacht, die Sonn erwacht,
die Glock schlägt fünf,
die Glock schlägt fünf,
der Wandrer macht sich auf die Strümpf.

7. Das Huhn gagackt, die Ente quakt,
die Glock schlägt sechs,
die Glock schlägt sechs,
steh auf, steh auf, du alte Hex!

8. Zum Bäcker lauf, ein Wecklein kauf,
die Glock schlägt sieb'n,
die Glock schlägt sieb'n,
die Milch tu an das Feuer schieb'n!

9. Tu Butter 'nein und Zucker fein,
die Glock schlägt acht,
die Glock schlägt acht,
geschwind dem Kind die Supp gebracht!

Bona nox

Kanon zu 4 Stimmen
Text und Melodie: Wolfgang Amadeus Mozart

1. Bo-na nox, bist a rech-ter Ochs; 2. buo-na not-te, lie-be Lot-te, bonne nuit, pfui, pfui, 3. good night, good night, heut muss ma no weit; gu-te Nacht, gu-te Nacht, 's wird höchs-te Zeit, gu-te Nacht! 4. Schlaf fei g'sund und bleib recht ku-gel-rund!

Ich bin das ganze Jahr vergnügt

Volkslied

2. Und kommt die liebe Sommerzeit,
wie hoch ist da mein Herz erfreut,
wenn ich vor meinem Acker steh
und so vieltausend Ähren seh!

3. Rückt endlich Erntezeit heran,
dann muss die blanke Sense dran;
dann zieh ich in das Feld hinaus
und schneid und fahr die Frucht nach Haus.

4. Im Herbst schau ich die Bäume an,
seh Äpfel, Birnen, Pflaumen dran.
Und sind sie reif, so schüttl ich sie.
So lohnet Gott des Menschen Müh!

5. Und kommt die kalte Winterszeit,
dann ist mein Häuschen überschneit;
das ganze Feld ist kreideweiß
und auf der Wiese nichts als Eis.

Es war eine Mutter

Volkslied

Es war ei - ne Mut - ter, die hat - te vier Kin - der; den Früh - ling, den Som - mer, den Herbst und den Win - ter.

2. Der Frühling bringt Blumen,
der Sommer den Klee.
Der Herbst, der bringt Trauben,
der Winter den Schnee.

3. Und wie sie sich schwingen
im Jahresreihn,
so tanzen und singen
wir fröhlich darein.

Liebe, liebe Sonne

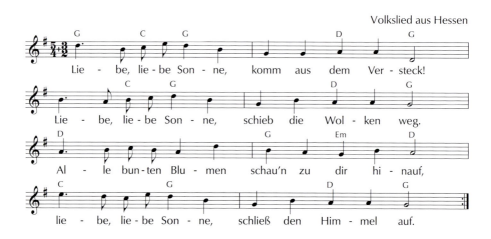

Volkslied aus Hessen

Lie - be, lie - be Son - ne, komm aus dem Ver - steck!
Lie - be, lie - be Son - ne, schieb die Wol - ken weg.
Al - le bun - ten Blu - men schau'n zu dir hi - nauf,
lie - be, lie - be Son - ne, schließ den Him - mel auf.

2. Liebe, liebe Sonne, schein auf unser Haus,
liebe, liebe Sonne, komm doch bald heraus!
Alle, alle Kinder stehn am Gartenzaun,
wolln den blauen Himmel und die Sonne schau'n.

Nun treiben wir den Winter aus

23

Volkslied

2. Das leere Stroh, das dürre Reis
und alles, was vermodert,
das geben wir dem Feuer preis,
dass hoch die Flamme lodert,
und laden uns den Frühling ein
mit Blumen und mit Sonnenschein,
juchhei, juchhei, juchhei,
o komm, du schöner Mai!

3. Das Lied ist aus, Viktoria!
Der Winter ist vergangen,
wir singen drum ein Gloria
dem Lenz, der angefangen.
Jetzt zieht der frohe Frühling ein
mit Blumen und mit Sonnenschein,
juchhei, juchhei, juchhei,
o komm, du schöner Mai!

Der Winter ist vergangen

Volkslied

Der Win-ter ist ver-gan-gen, ich seh des Mai-en Schein.
Ich seh die Blüm-lein pran-gen, des ist mein Herz er-freut.
So fern in je-nem Ta-le, da ist gar lus-tig sein; da
singt Frau Nach-ti-gal-le und manch Wald-vö-ge-lein.

Jetzt fängt das schöne Frühjahr an

Volkslied

Jetzt fängt das schö - ne Früh - jahr an und al - les fängt zu
blü - hen an auf grü - ner Hei - de und ü - ber - all.

2. Es blühen Blümlein auf dem Feld,
sie blühen weiß, blau, rot und gelb;
es gibt nichts Schönres auf der Welt.

3. Jetzt geh ich über Berg und Tal,
da hört man schon die Nachtigall
auf grüner Heide und überall.

Es tönen die Lieder

Kanon zu 3 Stimmen
Volkslied

Es tönen die Lieder, der Frühling kehrt wieder, es spielet der Hirte auf seiner Schalmei: la la la la la la la la la la la la la la la.

Trarira, der Sommer ...

Volkslied

Tra - ri - ra, der Som - mer, der ist da! Wir wol - len in den Gar - ten und wolln des Som - mers war - ten. Ja, ja, ja, der Som - mer, der ist da!

2. Trarira, der Sommer, der ist da!
Wir wollen hinter die Hecken
und wolln den Sommer wecken.
Ja, ja, ja, der Sommer, der ist da!

3. Trarira, der Sommer, der ist da!
Der Sommer hat gewonnen,
der Winter hat verloren.
Ja, ja, ja, der Sommer, der ist da!

Petersilie, Suppenkraut

Volkslied

Pe - ter - si - lie, Sup - pen - kraut wächst in un - serm Gar - ten.
Uns - 're ... ...* ist die Braut, soll nicht län - ger war - ten.
Ro - ter Wein, wei - ßer Wein. Mor - gen soll die Hoch - zeit sein.

*... Name des Kindes

Hejo, spann den Wagen an

Kanon zu 3 Stimmen
Volkslied

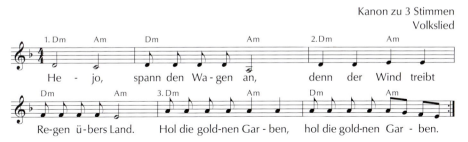

He - jo, spann den Wa - gen an, denn der Wind treibt Re - gen ü - bers Land. Hol die gold-nen Gar - ben, hol die gold-nen Gar - ben.

Zum Geburtstag viel Glück

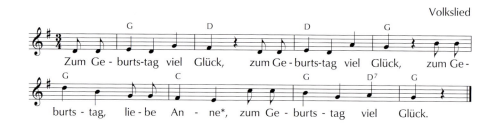

Volkslied

Zum Ge-burts-tag viel Glück, zum Ge-burts-tag viel Glück, zum Ge-burts-tag, lie-be An - ne*, zum Ge-burts-tag viel Glück.

*Den Namen des Geburtstagskindes einsetzen

31

Wir kommen all

Kanon zu 4 Stimmen
Text und Melodie: Moritz Hauptmann

*Den Namen des Geburtstagskindes einsetzen

Liebe Mutter

Volkslied

Horch, was kommt von draußen rein

Volkslied

Horch, was kommt von drau-ßen rein? Hol-la-hi, hol-la-ho!
Wird wohl mein Feins-lieb-chen sein. Hol-la-hi-a-ho!
Geht vor-bei und kommt nicht rein, hol-la-hi, hol-la-ho,
wird's wohl nicht ge-we-sen sein, hol-la-hi-a-ho!

2. Leute haben's oft gesagt,
dass ich ein Feinsliebchen hab.
Lass sie reden, schweig fein still,
kann ja lieben, wen ich will.

3. Sagt mir, Leute, ganz gewiss,
was das für ein Liebchen ist?
Die ich lieb, die krieg ich nicht,
und 'ne andre mag ich nicht.

Es tanzt ein Bi-Ba-Butzemann

Volkslied

Brüderchen, komm, tanz mit mir

Volkslied

Brü-der-chen, komm, tanz mit mir, bei-de Hän-de reich ich dir.
Ein-mal hin, ein-mal her, rund-he-rum, das ist nicht schwer.

2. Mit den Händen, klipp, klipp, klapp,
mit den Füßchen, tripp, tripp, trapp!
Einmal hin, einmal her,
rundherum, das ist nicht schwer.

3. Mit dem Köpfchen, nick, nick, nick,
mit dem Fingerchen, tick, tick, tick!
Einmal hin, einmal her,
rundherum, das ist nicht schwer.

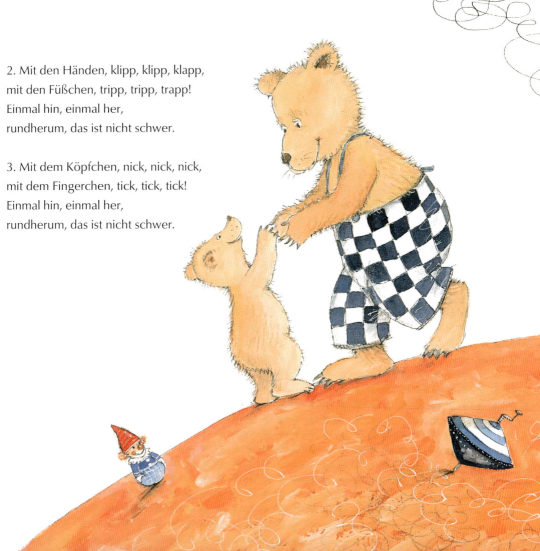

Taler, Taler, du musst wandern 37

Ta-ler, Ta-ler, du musst wan-dern von der ei-nen Hand zur an-dern, das ist schön, das ist schön, Ta-ler, lass dich nur nicht sehn.

Auf der Mauer

Volkslied

Auf der Mau-er, auf der Lau-er, liegt 'ne klei-ne Wan-ze,
auf der Mau-er, auf der Lau-er, liegt 'ne klei-ne Wan-ze.
Sieh dir mal die Wan-ze an, wie die Wan-ze tan-zen kann.
Auf der Mau-er, auf der Lau-er, liegt 'ne klei-ne Wan-ze.

Ich bin ein kleiner Tanzbär

Volkslied

Ich bin ein kleiner Tanzbär und komme aus dem Wald.
Ich such mir eine Freundin und finde sie ja bald.
Ei, wir tanzen ja so fein von einem auf das andre Bein.

Dornröschen war ein schönes Kind

Volkslied

Dorn - rös - chen war ein schö - nes Kind, schö - nes Kind,
schö - nes Kind, Dorn - rös-chen war ein schö - nes Kind, schö - nes Kind.

2. Dornröschen, nimm dich ja in Acht, ja in Acht, ja in Acht ...

3. Da kam die böse Fee herein ...

4. Dornröschen, schlafe hundert Jahr ...

5. Da wuchs die Hecke riesengroß ...

6. Da kam ein junger Königssohn ...

7. Dornröschen, wache wieder auf ...

8. Da feiern sie das Hochzeitsfest ...

9. Da jubelte das ganze Volk ...

Es waren zwei Königskinder

Volkslied

Es waren zwei Königskinder, die hatten einander so lieb, die konnten beisammen nicht kommen, das Wasser war viel zu tief, das Wasser war viel zu tief.

2. Ach Liebster, könntest du schwimmen,
so schwimm doch herüber zu mir!
Drei Kerzen will ich anzünden,
und die sollen leuchten zu dir.

3. Das hört ein falsches Nönnchen,
die tät, als wenn sie schlief;
sie tät die Kerzlein auslöschen,
der Jüngling ertrank so tief.

4. Ach Fischer, liebster Fischer,
willst du verdienen groß Lohn,
so wirf dein Netz ins Wasser
und fisch mir den Königssohn!

5. Er warf das Netz ins Wasser,
er ging bis auf den Grund;
er fischte und fischte so lange,
bis er den Königssohn fand.

6. Sie schloss ihn in die Arme
und küsste seinen bleichen Mund:
Ach Mündlein, könntest du sprechen,
so wär mein jung Herze gesund!

Hänsel und Gretel

Spiellied

Hän-sel und Gre-tel ver-lie-fen sich im Wald.
Es war so fins-ter und auch so bit-ter kalt. Sie
ka-men an ein Häus-chen von Pfef-fer-ku-chen fein.
Wer mag der Herr wohl von die-sem Häus-chen sein?

2. Hu, hu, da schaut eine alte Hexe raus!
Sie lockt die Kinder ins Pfefferkuchenhaus.
Sie stellte sich gar freundlich, o Hänsel, welche Not!
Ihn wollt' sie braten im Ofen braun wie Brot.

3. Doch als die Hexe zum Ofen schaut hinein,
ward sie gestoßen von Hans und Gretelein.
Die Hexe musste braten, die Kinder gehen nach Haus.
Nun ist das Märchen von Hans und Grete aus.

Widele, wedele

43

Text: „Des Knaben Wunderhorn"
Melodie: volkstümlich

Wi - de - le, we - de - le, hin - term Städ - te - le hält der Bet - tel - mann Hoch - zeit. Hoch - zeit. Pfeift das Mäu - se - le, tanzt das Läu - se - le, schlägt das I - ge - le Trom - mel. Al - le Tier - le, die We - de - le ha - ben, sind zur Hoch - zeit kom - men.

2. Widele, wedele,
hinterm Städtele
hält der Bettelmann Hochzeit.
Wind mer a Kränzele,
tanz mer a Tänzele,
lass mer das Geigele singen.
Alle Tierle, die Wedele haben,
sind zur Hochzeit kommen.

Mein Hut, der hat drei Ecken

44

Volkslied

Mein Hut, der hat drei E-cken, drei E-cken hat mein Hut,___ und hätt er nicht drei E-cken, so_ wär es nicht mein Hut.___

Auf unsrer Wiese

Text: H. H. von Fallersleben
Melodie: volkstümlich

2. Ihr denkt, das ist der Klapperstorch,
watet durch die Sümpfe.
Er hat ein schwarz-weiß Röcklein an
und trägt rote Strümpfe.
Fängt die Frösche,
schnapp, schnapp, schnapp,
klappert lustig, klapperdiklapp.
Nein, das ist die Störchin!

Der Kuckuck und der Esel

Text: H. H. von Fallersleben
Melodie: Carl Friedrich Zelter

Der Kuckuck und der Esel, die hatten einen Streit, wer wohl am besten sänge, wer wohl am besten sänge, zur schönen Maienzeit, zur schönen Maienzeit.

2. Der Kuckuck sprach: „Das kann ich!",
und fing gleich an zu schrein.
„Ich aber kann es besser,
ich aber kann es besser!",
fiel gleich der Esel ein,
fiel gleich der Esel ein.

3. Das klang so schön und lieblich,
so schön von fern und nah.
Sie sangen alle beide,
sie sangen alle beide:
„Kuckuck, kuckuck, iah!
Kuckuck, kuckuck, iah!"

Auf einem Baum

Volkslied

Auf ei-nem Baum ein Ku-ckuck, sim, sa-la-dim, bam-ba, sa-la-du-sa-la-dim, auf ei-nem Baum ein Ku-ckuck saß.

2. Da kam ein junger Jäger, –
sim, saladim, bamba, saladusaladim, –
da kam ein junger Jägersmann.

3. Der schoss den armen Kuckuck, –
sim, saladim, bamba, saladusaladim, –
der schoss den armen Kuckuck tot.

4. Und als ein Jahr vergangen, –
sim, saladim, bamba, saladusaladim, –
und als ein Jahr vergangen war.

5. Da war der Kuckuck wieder, –
sim, saladim, bamba, saladusaladim, –
da war der Kuckuck wieder da.

Summ, summ, summ

Text: H. H. von Fallersleben
Melodie: volkstümlich

Summ, summ, summ, Bien-chen, summ he-rum!
Ei, wir tun dir nichts zu Lei-de, flieg nur aus in Wald und Hei-de!
Summ, summ, summ, Bien-chen, summ he-rum!

2. Summ, summ, summ,
Bienchen, summ herum!
Such in Blumen, such in Blümchen
dir ein Tröpfchen, dir ein Krümchen!
Summ, summ, summ,
Bienchen, summ herum!

3. Summ, summ, summ,
Bienchen, summ herum!
Kehre heim mit reicher Habe,
bau uns manche volle Wabe!
Summ, summ, summ,
Bienchen, summ herum!

Die Vogelhochzeit

Volkslied

Ein Vo - gel woll - te Hoch - zeit ma - chen in dem grü - nen Wal - de. Fi - di - ra - la - la, fi - di - ra - la - la, fi - di - ra - la - la - la - la!

2. Die Drossel ist der Bräutigam,
die Amsel ist die Braute.

3. Der Sperber, der Sperber,
der ist der Hochzeitswerber.

4. Der Seidenschwanz, der Seidenschwanz,
der bringt der Braut den Hochzeitskranz.

5. Die Lerche, die Lerche,
die bringt die Braut zur Kerche.

6. Der Auerhahn, der Auerhahn,
der ist der würdge Herr Kaplan.

7. Die Meise, die Meise,
die singt das Kyrieleise.

8. Die Gänse und die Anten,
die sind die Musikanten.

9. Der Pfau mit seinem bunten Schwanz,
der führt die Braut zum Hochzeitstanz.

10. Das Finkelein, das Finkelein,
das führt das Paar ins Kämmerlein.

11. Brautmutter ist die Eule,
nimmt Abschied mit Geheule.

12. Frau Kratzefuß, Frau Kratzefuß
gibt allen einen Abschiedskuss.

13. Der Uhu, der Uhu,
der macht die Fensterläden zu.

14. Der Hahn, der krähet: Gute Nacht!
Dann wird die Kammer zugemacht.

15. Nun ist die Vogelhochzeit aus
und alle ziehn vergnügt nach Haus.

Fuchs, du hast die Gans ...

Volkslied

Fuchs, du hast die Gans gestohlen, gib sie wieder her!
Sonst wird dich der Jäger holen mit dem Schießgewehr,
sonst wird dich der Jäger holen mit dem Schießgewehr.

2. Seine große lange Flinte
schießt auf dich das Schrot,
dass dich färbt die rote Tinte,
und dann bist du tot.

3. Liebes Füchslein, lass dir raten,
sei doch nur kein Dieb,
nimm, statt mit dem Gänsebraten,
mit der Maus vorlieb!

Ward ein Blümlein mir ...

Text: H. H. von Fallersleben
Melodie: volkstümlich

Ward ein Blüm-lein mir ge-schen-ket, hab's ge-pflanzt und hab's ge-trän-ket,
Vög-lein, kommt und ge-bet Acht! Gelt, ich hab es recht ge-macht?

2. Sonne, lass mein Blümchen sprießen!
Wolke, komm, es zu begießen!
Richt empor dein Angesicht!
Liebes Blümlein, zage nicht!

3. Sonne ließ mein Blümlein sprießen,
Wolke kam, es zu begießen.
Jedes hat sich brav bemüht
und mein liebes Blümlein blüht.

Heut ist ein Fest

Kanon zu 3 Stimmen
Volkslied

1. Heut ist ein Fest bei den Fröschen am See,
2. Ball und Konzert und ein großes Diner!
3. Quak, quak, quak, quak, quak, quak, quak, quak.

Ein Männlein steht im Walde 55

Volkslied

Ein Männ-lein steht im Wal-de, ganz still und stumm.
Es hat von lau-ter Pur-pur ein Mänt-lein um.
Sagt, wer mag das Männ-lein sein, das da steht im Wald al-lein
mit dem pur-pur-ro-ten Män-te-lein?

2. Das Männlein steht im Walde
auf einem Bein,
es hat auf seinem Haupte
schwarz' Käpplein klein.
Sagt, wer mag das Männlein sein,
das da steht im Wald allein
mit dem kleinen schwarzen Käppelein?

56 Ich ging im Walde ...

Text: Johann Wolfgang von Goethe
Melodie: volkstümlich

Ich ging im Walde so für mich hin, und nichts zu suchen
und nichts zu suchen, das war mein Sinn, das war mein Sinn.

2. Im Schatten sah ich ein Blümlein stehn,
wie Sterne leuchtend,
wie Äuglein schön.

3. Ich wollt es brechen, da sagt es fein:
Soll ich zum Welken
gebrochen sein?

4. Ich grub's mit allen den Würzlein aus,
zum Garten trug ich's
am hübschen Haus.

5. Und pflanzt es wieder am stillen Ort;
nun zweigt es immer
und blüht so fort.

O du lieber Augustin

Volkslied

O du lie-ber Au-gus-tin, Au-gus-tin, Au-gus-tin, o du lie-ber Au-gus-tin, al-les ist hin! Geld ist weg, Mädl ist weg, al-les weg, al-les weg. O du lie-ber Au-gus-tin, al-les ist hin.

Drei Chinesen

Volkslied

2. Dra Chanasan mat dam Kantrabass
saßan auf dar Straßa and arzahltan sach was.
Da kam da Palaza: „Ja, was ast dann das?"
„Dra Chanasen mat dam Kantrabass."

3. Dre Chenesen met dem Kentrebess
seßen ef der Streße end erzehlten sech wes.
De kem de Peleze: „Je, wes est denn des?"
„Dre Chenesen met dem Kentrebess."

4. Dri Chinisin mit dim Kintribiss
sißin if dir Strißi ind irzihltin sich wis.
Di kim di Pilizi: „Ji, wis ist dinn dis?"
„Dri Chinisin mit dim Kintribiss."

5. Dro Chonoson mot dom Kontroboss
soßon of dor Stroßo ond orzohlton soch wos.
Do kom do Polozo: „Jo, wos ost donn dos?"
„Dro Chonoson mot dom Kontroboss."

6. Dru Chunusun mut dum Kuntrubuss
sußun uf dur Strußu und urzuhltun such wus.
Du kum du Puluzu: „Ju, wus ust dunn dus?"
„Dru Chunusun mut dum Kuntrubuss."

7. Drei Cheineisein meit deim Keintreibeiss
seißein eif deir Streißei eind eirzeihltein seich weis.
Dei keim dei Peileizei: „Jei, weis eist deinn deis?"
„Drei Cheineisein meit deim Keintreibeiss."

Es klapperten die Klapperschlangen

60

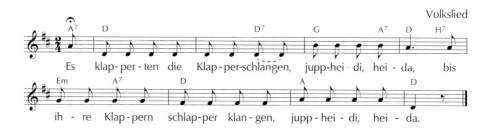

2. Es sprach der Herr von Finkenstein:
„Die Harzerkäse stinken fein."

3. Es sprach der Herr von Rubenstein:
„Mein Hund, der ist nicht stubenrein."

4. Die Eltern gehen Rinder kaufen,
derweil zu Haus die Kinder raufen.

Ein Mops kam in die Küche

Volkslied

Ein Mops kam in die Kü-che und stahl dem Koch ein Ei, da nahm der Koch den Löf-fel und schlug den Mops zu Brei.

2. Da kamen viele Möpse
und gruben ihm ein Grab
und setzten ihm ein' Grabstein,
auf dem geschrieben stand:

3. Ein Mops kam in die Küche ...
(Und so geht es immer wieder
von vorn, bis es keiner
mehr aushalten kann.)

Meine Oma fährt im Hühnerstall

Volkslied

2. Meine Oma hat im hohlen Zahn ein Radio ...

3. Meine Oma hat 'ne Glatze mit Geländer ...

4. Meine Oma hat 'nen Handstock mit 'nem Rücklicht ...

5. Meine Oma hat 'nen Nachttopf mit Beleuchtung ...

6. Meine Oma hat im Strumpfband 'nen Revolver ...

7. Meine Oma hat Klosettpapier mit Blümchen ...

8. Meine Oma hat 'ne Brille mit Gardine ...

Ein Schneider fing 'ne Maus

64

Volkslied

Ein Schnei-der fing 'ne Maus. Ein Schnei-der fing 'ne Maus. Ein Schnei-der fing 'ne Mi-Ma-Maus, Mi-Ma-Mau-se-Maus. Ein Schnei-der fing 'ne Maus.

2. Was macht er mit der Maus?
Was macht er mit der Maus?
Was macht er mit der Mi-Ma-Maus,
Mi-Ma-Mause-Maus?
Was macht er mit der Maus?

3. Er zieht ihr ab das Fell.
Er zieht ihr ab das Fell.
Er zieht ihr ab das Mause-Fell,
Mi-Ma-Mause-Fell.
Er zieht ihr ab das Fell.

4. Was macht er mit dem Fell?
Was macht er mit dem Fell?
Was macht er mit dem Mause-Fell,
Mi-Ma-Mause-Fell?
Was macht er mit dem Fell?

5. Er näht sich einen Sack.
Er näht sich einen Sack.
Er näht sich einen Mause-Sack,
Mi-Ma-Mause-Sack.
Er näht sich einen Sack.

6. Was macht er mit dem Sack?
Was macht er mit dem Sack?
Was macht er mit dem Mause-Sack,
Mi-Ma-Mause-Sack?
Was macht er mit dem Sack?

7. Er tut hinein sein Geld.
Er tut hinein sein Geld.
Er tut hinein sein Mause-Geld,
Mi-Ma-Mause-Geld.
Er tut hinein sein Geld.

8. Was macht er mit dem Geld?
Was macht er mit dem Geld?
Was macht er mit dem Mause-Geld,
Mi-Ma-Mause-Geld?
Was macht er mit dem Geld?

9. Er reitet durch die Welt.
Er reitet durch die Welt.
Er reitet durch die Mause-Welt,
Mi-Ma-Mause-Welt.
Er reitet durch die Welt.

10. Was macht er in der Welt?
Was macht er in der Welt?
Was macht er in der Mause-Welt,
Mi-Ma-Mause-Welt?
Was macht er in der Welt?

11. Er wird ein großer Held.
Er wird ein großer Held.
Er wird ein großer Mause-Held,
Mi-Ma-Mause-Held.
Er wird ein großer Held.

Schön ist die Welt

Volkslied

2. Wir sind nicht stolz,
wir brauchen keine Pferde,
die uns von dannen ziehn.

3. Wir laben uns
an jeder Felsenquelle,
wo frisches Wasser fließt.

4. Wir reisen fort,
von einer Stadt zur andern,
wohin es uns gefällt.

Bunt sind schon die Wälder

Text: Johann G. von Salis-Seewis
Melodie: Johann F. Reichardt

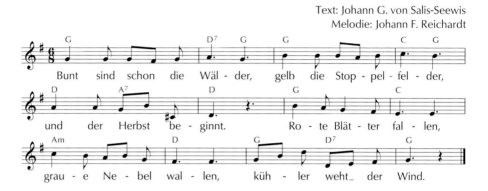

Bunt sind schon die Wälder, gelb die Stoppelfelder, und der Herbst beginnt. Rote Blätter fallen, graue Nebel wallen, kühler weht der Wind.

2. Wie die volle Traube aus dem Rosenlaube purpurfarbig strahlt! Am Geländer reifen Pfirsiche mit Streifen: rot und weiß bemalt.

3. Flinke Träger springen und die Mädchen singen, alles jubelt froh! Bunte Bänder schweben zwischen hohen Reben auf dem Hut von Stroh.

4. Geige tönt und Flöte bei der Abendröte und im Mondesglanz. Junge Winzerinnen winken und beginnen ihren Ringeltanz.

In meinem kleinen Apfel

Volkslied

In mei-nem klei-nen Ap-fel, da sieht es lieb-lich aus. Es sind da-rin vier Stüb - chen, grad wie in ei-nem Haus.

2. In jedem Stübchen wohnen
zwei Kernchen schwarz und fein,
die liegen drin und träumen
vom lieben Sonnenschein.

3. Sie träumen auch noch weiter
gar einen schönen Traum,
wenn sie einst werden hängen
an meinem Weihnachtsbaum.

Laterne, Laterne

Volkslied

La - ter - ne, La - ter - ne, Son - ne, Mond und Ster - ne. Bren - ne auf mein Licht, bren - ne auf mein Licht, a - ber du, mei - ne lie - be La - ter - ne, nicht.

Ich geh mit meiner Laterne

Volkslied

Ich geh mit meiner Laterne und meine Laterne mit mir.
Da oben leuchten die Sterne, hier unten leuchten wir.
Ein Lichtermeer zu Martins Ehr. Rabimmel, rabammel, rabumm.

2. Ich geh mit meiner Laterne
und meine Laterne mit mir.
Da oben leuchten die Sterne,
hier unten leuchten wir.
Wie schön das klingt, wenn jeder singt:
Rabimmel, rabammel, rabumm.

3. Ich geh mit meiner Laterne
und meine Laterne mit mir.
Da oben leuchten die Sterne,
hier unten leuchten wir.
Mein Licht ist aus, ich geh nach Haus.
Rabimmel, rabammel, rabumm.

Niklaus, komm in unser Haus

Volkslied

Nik-laus, komm in un-ser Haus, pack die gro-ßen Ta-schen aus.
Lus-tig, lus-tig, tra-le-ral-la-la! Heut ist Nik-laus-a-bend da,
heut ist Nik-laus-a-bend da!

2. Stell das Pferdchen unter den Tisch,
dass es Heu und Hafer frisst.
Lustig, lustig, tralerallala!
Heut ist Niklausabend da,
heut ist Niklausabend da!

3. Heu und Hafer frisst es nicht,
Zuckerplätzchen kriegt es nicht.
Lustig, lustig, tralerallala!
Heut ist Niklausabend da,
heut ist Niklausabend da!

Lasst uns froh und munter sein

73

Volkslied

Lasst uns froh und munter sein und uns recht von Herzen freun. Lustig, lustig, tra-la-la-la-la, bald ist Niklaus-abend da, bald ist Niklaus-abend da.

2. Dann stell ich den Teller auf,
Niklaus legt gewiss was drauf.
Lustig, lustig, tralalalala,
bald ist Niklausabend da,
bald ist Niklausabend da.

3. Wenn ich schlaf, dann träume ich:
Jetzt bringt Niklaus was für mich.
Lustig, lustig, tralalalala,
bald ist Niklausabend da,
bald ist Niklausabend da.

4. Wenn ich aufgestanden bin,
lauf ich schnell zum Teller hin.
Lustig, lustig, tralalalala,
bald ist Niklausabend da,
bald ist Niklausabend da.

5. Niklaus ist ein guter Mann,
dem man nicht g'nug danken kann.
Lustig, lustig, tralalalala,
bald ist Niklausabend da,
bald ist Niklausabend da.

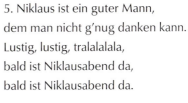

Juchhe, der erste Schnee!

Juch-he, juch-he, juch-he, der ers-te Schnee! In gro-ßen, wei-ßen Flo-cken, so kam er ü-ber Nacht, und will uns al-le lo-cken hi-naus in Win-ter-pracht.

2. Juchhe, juchhe,
erstarrt sind Bach und See!
Herbei von allen Seiten
aufs glitzerblanke Eis,
dahin-, dahinzugleiten
nach alter froher Weis'!

3. Juchhe, juchhe,
jetzt locken Eis und Schnee!
Der Winter kam gezogen
mit Freuden mannigfalt',
spannt seinen weißen Bogen
weit über Feld und Wald.

ABC, die Katze lief im Schnee

A B C, die Kat-ze lief im Schnee, und als sie dann nach Hau-se kam, da hatt' sie wei-ße Stie-fel an, o-je-mi-ne, o-je-mi-ne, die Kat-ze lief im Schnee.

Der Winter ist ein rechter Mann

Text: Matthias Claudius
Melodie: Johann F. Reichardt

Der Win-ter ist ein rech-ter Mann, kern-fest und auf die Dau-er; sein
Fleisch fühlt sich wie Ei-sen an und scheut nicht süß noch sau-er.

2. Er zieht sein Hemd im Freien an.
und lässt's vorher nicht wärmen
und spottet über Fluss im Zahn
und Kolik in Gedärmen.

3. Aus Blumen und aus Vogelsang
weiß er sich nichts zu machen,
hasst warmen Drang und warmen Klang
und alle warmen Sachen.

4. Doch wenn die Füchse bellen sehr,
wenn 's Holz im Ofen knistert
und um den Ofen Knecht und Herr
die Hände reibt und zittert;

5. Wenn Stein und Bein vor Frost zerbricht
und Teich und Seen krachen:
Das klingt ihm gut, das hasst er nicht,
dann will er tot sich lachen.

6. Sein Schloss von Eis liegt ganz hinaus
beim Nordpol an dem Strande;
doch hat er auch ein Sommerhaus
im lieben Schweizerlande.

7. Da ist er denn bald dort, bald hier,
gut Regiment zu führen;
und wenn er durchzieht, stehen wir
und sehn ihn an und frieren.

Schneeflöckchen, Weißröckchen

Volkslied

Schnee-flöck-chen, Weiß-röck-chen, wann kommst du ge-schneit? Du wohnst in den Wol-ken, dein Weg ist so weit.

2. Komm, setz dich ans Fenster,
du lieblicher Stern,
malst Blumen und Blätter,
wir haben dich gern.

3. Schneeflöckchen, du deckst uns
die Blümelein zu,
dann schlafen sie sicher
in himmlischer Ruh.

4. Schneeflöckchen, Weißröckchen,
komm zu uns ins Tal,
dann baun wir den Schneemann
und werfen den Ball.

5. Schneeflöckchen, Weißröckchen,
du Wintervöglein,
willkommen, willkommen
bei Groß und bei Klein.

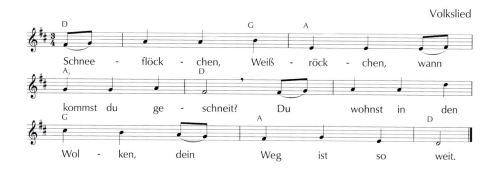

Alle Jahre wieder

Volkslied

2. Kehrt mit seinem Segen ein in jedes Haus,
geht auf allen Wegen mit uns ein und aus.

3. Steht auch mir zur Seite, still und unerkannt,
dass es treu mich leite an der lieben Hand.

Macht hoch die Tür

Volkslied

Macht hoch die Tür, die Tor' macht weit, es kommt der Herr der Herr-lich-keit, ein Kö-nig al-ler Kö-nig-reich', ein Hei-land al-ler Welt zu-gleich, der Heil und Se-gen mit sich bringt, der hal-ben jauchzt, mit Freu-den singt: Ge-lo-bet sei mein Gott, mein Schöp-fer reich von Rat.

Maria durch ein Dornwald ging

Volkslied

2. Was trug Maria unter ihrem Herzen?
Kyrieleison!
Ein kleines Kindlein ohne Schmerzen,
das trug Maria unter ihrem Herzen.
Jesus und Maria.

3. Da haben die Dornen Rosen getragen.
Kyrieleison!
Als das Kindlein durch den Wald getragen,
da haben die Dornen Rosen getragen.
Jesus und Maria.

Leise rieselt der Schnee

2. In den Herzen ist's warm,
still schweigt Kummer und Harm,
Sorge des Lebens verhallt,
freue dich, Christkind kommt bald!

3. Bald ist Heilige Nacht,
Chor der Engel erwacht,
horch, wie lieblich es schallt,
freue dich, Christkind kommt bald!

Morgen, Kinder, wirds was geben

Volkslied

Mor- gen, Kin- der, wirds was ge- ben, mor- gen wer- den wir uns freun!
Welch ein Ju- bel, welch ein Le- ben wird in un- serm Hau- se sein!
Ein- mal wer- den wir noch wach, hei- ßa, dann ist Weih- nachts- tag!

2. Wie wird dann die Stube glänzen
von der großen Lichterzahl!
Schöner als bei frohen Tänzen
ein geputzter Kronensaal.
Wisst ihr noch, wie vor'ges Jahr
es am Heil'gen Abend war?

3. Wisst ihr noch die Spiele, Bücher
und das schönste Hottepferd,
schönste Kleider, wollne Tücher,
Puppenstube, Puppenherd?
Morgen strahlt der Kerzen Schein,
morgen werden wir uns freun!

Kling, Glöckchen

Volkslied

2. Kling, Glöckchen, klingelingeling,
kling, Glöckchen, kling!
Mädchen, hört, und Bübchen,
macht mir auf das Stübchen,
bring euch viele Gaben,
sollt euch dran erlaben!
Kling, Glöckchen ...

3. Kling, Glöckchen, klingelingeling,
kling, Glöckchen, kling!
Hell erglühn die Kerzen,
öffnet mir die Herzen,
will drin wohnen fröhlich,
frommes Kind, wie selig.
Kling, Glöckchen ...

O Tannenbaum, o Tannenbaum

2. O Tannenbaum, o Tannenbaum,
du kannst mir sehr gefallen!
Wie oft hat nicht zur Weihnachtszeit
ein Baum von dir mich hoch erfreut!
O Tannenbaum, o Tannenbaum,
du kannst mir sehr gefallen.

3. O Tannenbaum, o Tannenbaum,
dein Kleid will mich was lehren:
Die Hoffnung und Beständigkeit
gibt Mut und Kraft zu jeder Zeit!
O Tannenbaum, o Tannenbaum,
dein Kleid will mich was lehren.

Kommet, ihr Hirten

Volkslied

2. Lasset uns sehen in Bethlehems Stall,
was uns verheißen der himmlische Schall,
was wir dort finden, lasset uns künden;
lasset uns preisen in frommen Weisen:
Halleluja!

3. Wahrlich, die Engel verkündigen heut
Bethlehems Hirtenvolk gar große Freud:
Nun soll es werden Friede auf Erden,
den Menschen allen ein Wohlgefallen.
Ehre sei Gott.

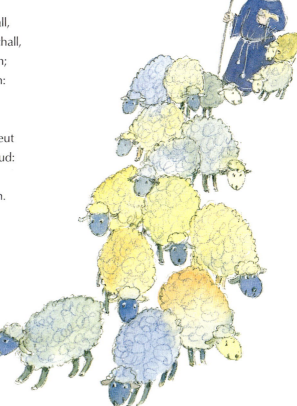

86 Joseph, lieber Joseph mein

Text aus dem 15. Jahrhundert
Melodie: auf das lateinische „Resonet in laudibus"

Jo - seph, lie - ber Jo - seph mein, hilf mir wie - gen mein Kin - de - lein! Gott, der wird dein Loh - ner sein im Him - mel - reich, der Jung - frau Sohn Ma - ri - a.

2. Gerne, liebe Maria mein,
helf ich dir wiegen dein Kindelein!
Gott, der wird mein Lohner sein
im Himmelreich,
der Jungfrau Sohn Maria.

3. Ew'gen Vaters ew'ges Wort,
wahrer Gott, der Tugend Hort,
irdisch hier, im Himmel dort
der Seelen Pfort',
die uns gebar Maria.

Stille Nacht, heilige Nacht

Text: Josef Mohr
Melodie: Franz Gruber, 1818

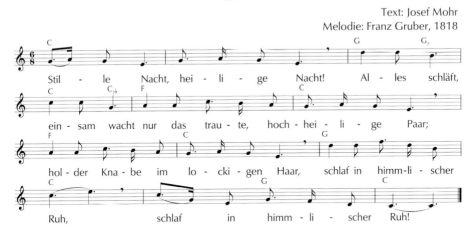

2. Stille Nacht, heilige Nacht!
Hirten erst kundgemacht,
durch der Engel Halleluja
tönt es laut von fern und nah:
Christ, der Retter, ist da,
Christ, der Retter, ist da!

3. Stille Nacht, heilige Nacht!
Gottes Sohn, o wie lacht
Lieb aus deinem göttlichen Mund,
da uns schlägt die rettende Stund,
Christ, in deiner Geburt,
Christ, in deiner Geburt!

Dona nobis pacem

Kanon zu 3 Stimmen
Volkslied

Frère Jacque

90

Kanon zu 4 Stimmen
Volkslied aus Frankreich

Frè - re Ja - cque, Frè - re Ja - cque, dor - mez vous?
Bru - der Ja - kob, Bru - der Ja - kob, schläfst du noch?

Dor - mez vous? Son-net les ma - ti - nes? Son - net les ma -
Schläfst du noch? Hörst du nicht die Glo - cken? Hörst du nicht die

ti - nes? Ding - dong - dong! Ding - dong - dong!
Glo - cken? Ding - dong - dong! Ding - dong - dong!

Sur le pont d'Avignon

Volkslied aus Frankreich

Sur le pont d'A - vi - gnon l'on y dan - se, l'on y dan - se,
Al - les tanzt, al - les tanzt auf der Brück' von A - vi - gnon, ja

sur le pont d'A - vi - gnon l'on y dan - se tout en rond.
al - les tanzt, dreht sich froh, auf der Brück' von A - vi - gnon.

Frei im Zeitmaß   von vorn

Les beaux mes-sieurs font comme ça, et puis en - co - re comme ça!
Die Her - ren drehn sich so 'rum und dann noch ein - mal so 'rum!

Yar–Yok

Volkslied aus der Türkei
Deutscher Text: Fredrik Vahle

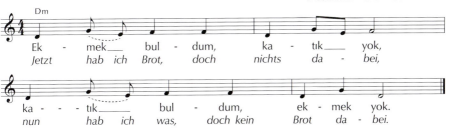

Ek - mek bul - dum, ka - tık yok,
Jetzt hab ich Brot, doch nichts da - bei,

ka - tık bul - dum, ek - mek yok.
nun hab ich was, doch kein Brot da - bei.

Twinkle, twinkle

Volkslied aus England

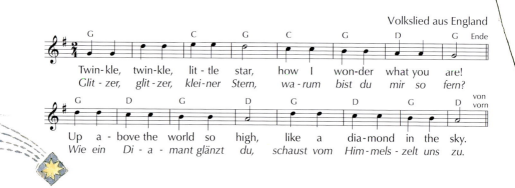

Twin-kle, twin-kle, lit-tle star, how I won-der what you are!
Glit-zer, glit-zer, klei-ner Stern, wa-rum bist du mir so fern?
Up a-bove the world so high, like a dia-mond in the sky.
Wie ein Di-a-mant glänzt du, schaust vom Him-mels-zelt uns zu.

The itsy bitsy spider

Volkslied aus Amerika

The it-sy bit-sy spi-der went up the wa-ter spout,
Die win-zig klei-ne Spin-ne kroch auf den Was-ser-hahn,
down came the rain and washed the spi-der out.
dann kam der Re-gen und warf sie aus der Bahn,
Out came the sun and dried up the rain and the
dann kam die Son-ne und trock-net's wie-der auf, und die
it-sy bit-sy spi-der went up the spout a-gain.
win-zig klei-ne Spin-ne kroch wie-de-rum hi-nauf.

Verzeichnis der Lieder und -anfänge

ABC, die Katze lief im Schnee	74
Alle Jahre wieder	78
Auf der Mauer	38
Auf einem Baum	48
Auf unsrer Wiese	46
Bona nox	18
Brüderchen, komm, tanz mit mir	35
Bunt sind schon die Wälder	68
Der Kuckuck und der Esel	47
Der Mond, der scheint	17
Der Mond ist aufgegangen	15
Der Winter ist ein rechter Mann	75
Der Winter ist vergangen	24
Die Vogelhochzeit	50
Drei Chinesen	59
Dona nobis pacem	88
Dornröschen war ein schönes Kind	40
Ein Männlein steht im Walde	55
Ein Mops kam in die Küche	61
Ein Schneider fing 'ne Maus	64
Es klapperten die Klapperschlangen	60
Es tanzt ein Bi-Ba-Butzemann	34
Es tönen die Lieder	26
Es war eine Mutter	21
Es waren zwei Königskinder	41
Frère Jacque	90
Froh zu sein ...	6
Fuchs, du hast die Gans ...	52
Guten Abend, gut Nacht	16
Hänsel und Gretel	42
Heile, heile Segen	10
Hejo, spann den Wagen an	29
Heut ist ein Fest	54
Horch, was kommt von draußen rein	32
Ich bin das ganze Jahr vergnügt	20
Ich bin ein kleiner Tanzbär	39
Ich geh mit meiner Laterne	71
Ich ging im Walde ...	56
In meinem kleinen Apfel	69
Jetzt fängt das schöne Frühjahr an	25
Joseph, lieber Joseph mein	86

Juchhe, der erste Schnee!	74
Kling, Glöckchen	83
Kommet, ihr Hirten	85
Lasst uns froh und munter sein	73
Laterne, Laterne	70
Leise rieselt der Schnee	81
Liebe, liebe Sonne	22
Liebe Mutter	31
Lirum, larum, Löffelstiel	9
Macht hoch die Tür	79
Mäh, Lämmchen, mäh	11
Maria durch ein Dornwald ging	80
Mein Hut, der hat drei Ecken	44
Meine Oma fährt im Hühnerstall	62
Morgen, Kinder, wirds was geben	82
Morgens früh um sechs	7
Niklaus, komm in unser Haus	72
Nun treiben wir den Winter aus	23
O du lieber Augustin	58
O Tannenbaum, o Tannenbaum	84
Petersilie, Suppenkraut	28
Schlaf, Kindchen, schlaf	12
Schneeflöckchen, Weißröckchen	76
Schön ist die Welt	66
Spannenlanger Hansel	36
Stille Nacht, heilige Nacht	87
Summ, summ, summ	49
Sur le pont d'Avignon	90
Taler, Taler, du musst wandern	37
The itsy bitsy spider	93
Trarira, der Sommer ...	27
Twinkle, twinkle	92
Var-Yok	91
Ward ein Blümlein mir ...	53
Weißt du, wie viel Sternlein stehen	14
Wenn ich ein Vöglein wär	8
Wer hat die schönsten Schäfchen	13
Widele, wedele	43
Wir kommen all	31
Zum Geburtstag viel Glück	30

Für Marie-Therese,
Franziska, Lisa und alle Kinder,
die gerne singen.
P. P. / G. S.

Wir danken Herrn Kurt Grüny, Meckenbeuern,
für seine Unterstützung bei
der Erstellung der Gitarrengriffe.

Quellenverzeichnis
Yar-Yok (türkisches Volkslied)
Deutscher Text: Fredrik Vahle
© Aktive Musik Verlagsgesellschaft mbH, Dortmund (www.aktive-musik.de)

Bibliografische Information der Deutschen Bibliothek

Die Deutsche Bibliothek verzeichnet diese Publikation in
der Deutschen Nationalbibliografie; detaillierte bibliografische Daten
sind im Internet über http://dnb.d-nb.de abrufbar.

© 2012 arsEdition GmbH, München
Alle Rechte vorbehalten
Illustrationen: Petra Probst
Herausgeberin: Gisela Stottele
Gestaltung: Janina Michna, München
ISBN 978-3-7607-6297-5

www.arsedition.de